丝路上的敦煌

儿童历史文化百科绘本

走进千年的敦煌

敦煌研究院 主编

唐立馨 于雅泽 / 文　盒子 / 图

童趣出版有限公司编　人民邮电出版社出版

北京

图书在版编目（CIP）数据

走进千年的敦煌 / 敦煌研究院主编；唐立馨，于雅泽文；盒子图；童趣出版有限公司编. -- 北京：人民邮电出版社，2021.10
（丝路上的敦煌：儿童历史文化百科绘本）
ISBN 978-7-115-57383-4

Ⅰ．①走… Ⅱ．①敦… ②唐… ③于… ④盒… ⑤童… Ⅲ．①敦煌学—儿童读物 Ⅳ．①K870.6-49

中国版本图书馆CIP数据核字(2021)第190617号

责任编辑：郭丹丹
责任印制：邵 超
美术编辑：董 雪

编	童趣出版有限公司
出　　版	人民邮电出版社
地　　址	北京市丰台区成寿寺路 11 号邮电出版大厦（100164）
网　　址	www.childrenfun.com.cn
读者热线	010 – 81054177
经销电话	010 – 81054120
印　　刷	北京利丰雅高长城印刷有限公司
开　　本	787×1092 1/12
印　　张	3.6
字　　数	80 千
版　　次	2021 年 10 月第 1 版　2024 年 4 月第 9 次印刷
书　　号	ISBN 978-7-115-57383-4
定　　价	48.00 元

版权所有，侵权必究。如发现质量问题，请直接联系读者服务部：010-81054177。

编委会

主　任：赵声良

副主任：张元林　张　焱　郭美荐

编　委：范　泉　杨　林　迟耀萍　周　娟

出版委员会

主　任：李　文

副主任：马　嘉　史　妍　刘玉一

委　员：齐　迹　赵　倩　张　琪　宋　菲　刘奕晨　李　瑶
　　　　王　莹　张　芳　赵玉花　王垂泽　崔晓颀　李欣昱

鸣　谢

中国青少年发展基金会梅赛德斯-奔驰星愿基金
中国敦煌石窟保护研究基金会

图像资料提供

敦煌研究院

风景名片　河西走廊，位于甘肃省西北部。东起乌鞘岭，西至星星峡，南有祁连山，北有马鬃山。因为在黄河以西，形状狭长，像一条走廊，所以被称作"河西走廊"。它自古就是一条交通要道。敦煌就位于河西走廊的最西端。

前　言

　　敦煌，位于我国甘肃省西部。历史上的敦煌曾经是丝绸之路上的交通要道，是连接东西方交通、贸易的重要枢纽。不同的文明在这里碰撞交流，促成了敦煌的繁荣，造就了魅力四射的敦煌文化。

　　敦煌石窟是世界上现存规模最大、延续时间最长、内容最丰富、保存最完整的佛教文化艺术宝库，被誉为"沙漠中的美术馆"，是中华民族优秀传统文化的典范，也是全人类珍贵的文化遗产。

　　为了让敦煌文化植根于少年儿童心中，帮助更多儿童了解敦煌、亲近敦煌、走进敦煌，感受敦煌文化的灿烂和中华文明的伟大，敦煌研究院与童趣出版有限公司携手，为广大儿童量身打造这套"丝路上的敦煌：儿童历史文化百科绘本"，意在使敦煌的故事娓娓动听，让文明的智慧熠熠生辉。

在这套绘本中，小读者将遇到一位小朋友——敦敦。小读者不仅可以和敦敦一起"走进"壁画向九色鹿"问好"、"做客"古代敦煌人家、与丝绸之路上的商人"聊天"，还可以"遇到"许多赫赫有名的敦煌人物，与他们一起，开启一次美丽神奇、妙趣横生的穿越之旅！

本套绘本共4册，分别从敦煌历史、敦煌艺术、敦煌生活、敦煌与丝绸之路4个角度，为小读者打开一扇敦煌文化之窗。这套精美的绘本，将为小读者们呈现100多幅敦煌石窟壁画原图，包含了敦煌莫高窟、榆林窟和东千佛洞的大大小小共54个洞窟中的壁画。图中全部标注了壁画所在的石窟编号，便于小读者到敦煌参观时按图索骥，演绎属于自己的敦煌故事。为配合故事情节，本套图书还设有"壁画小知识""历史小知识""冷知识"等栏目，以增强知识性和趣味性。希望这套图书不仅能够让小读者学习、了解敦煌文化，而且能让小读者们懂得，敦煌文化是中华优秀传统文化的代表，守护敦煌、弘扬"莫高精神"，是值得一代又一代人为之努力和奋斗的事业。

最后，衷心感谢中国青少年发展基金会梅赛德斯－奔驰星愿基金和中国敦煌石窟保护研究基金会对"丝路上的敦煌：儿童历史文化百科绘本"出版项目的大力资助，感谢文字撰写者和插画师的妙笔生花，感谢童趣出版有限公司的支持与出版。

愿今天的儿童成长为明天的敦煌文化守护者，成长为中华优秀传统文化的继承者和传播者。

敦煌研究院 党委书记

赵声良

风景名片 敦煌雅丹国家地质公园，俗称"魔鬼城"，位于敦煌市西北部，是一处风蚀作用形成的地质遗迹。其中著名的景观之一是"舰队出海"——一排排巨大的土墩台朝一个方向展开，犹如排列整齐的舰队正驶向大海。

敦煌，向往的地方

飞机平稳地飞行着，离目的地敦煌越来越近了。敦敦俯瞰着舷窗外的风景，脑海中全是妈妈讲过的有关莫高窟、飞天和九色鹿的故事。他对敦煌向往极了！"敦煌，这名字真好听。"敦敦转头问妈妈，"妈妈，为什么敦煌叫'敦煌'呢？"

"敦煌这个名字,在2000多年前的汉代就已经有了。"妈妈摸着敦敦的头,微笑着说,"古人认为'敦'是'大'的意思,'煌'是'盛'的意思,敦煌就是大而繁盛的地方。"

历史小知识 敦煌名字的由来

敦煌的名字,最早出现在《史记·大宛列传》中,是张骞出使西域归来后,在向汉武帝介绍大月(ròu)氏(zhī)(当时的一支游牧民族)时提到的。"敦煌"应为当时居住在当地的少数民族对本地所取名字的音译。

西汉 张骞凿空西域

"说起敦煌,就一定要提到一位了不起的大人物。"妈妈说着翻开书,指着书上一个手持笏(hù)板、跪在地上的人说,"他叫张骞。在他对面,那个骑在马上扬手跟他告别的人是汉武帝。"

"他要去哪里呢?"敦敦问。"为了击败对汉朝有威胁的匈奴,汉武帝派张骞去联合一个叫作大月氏的游牧民族,共同反击匈奴。张骞一路向西,历经艰险,13年后才回到故乡。"妈妈说道。敦敦看着书上的张骞,好像真的看到他拜别汉武帝,走上漫长的出使之旅的情景。

历史小知识 "丝绸之路"的开通

史书上将公元前138年(也有史料称141年)张骞出使西域称为"凿空西域"。在经过河西走廊时,张骞被匈奴俘获,他所带领的使团大多数人都下落不明。11年后,张骞终于寻找机会逃了出来,他一路横穿西域,翻越葱岭,终于在大夏国(今天的阿姆河流域)找到了大月氏,但此时的大月氏已无心东返,所以张骞出使的目的并未达到。后来,大将军霍去病打败了匈奴,张骞在公元前119年又率300人西行,与更多的西域国家建立了联系。张骞两次出使西域,打通了汉朝通往西方的道路。这条东起洛阳、长安,穿越中亚,直抵地中海沿岸的道路就是著名的丝绸之路。而敦煌也因为丝绸之路的开通,成了连接东西方交通、贸易的重要枢纽。

魏晋南北朝 商业繁荣，粮食丰产

"公元前111年，汉武帝在敦煌设郡，并在其北面修建长城，在其西面设立阳关、玉门关，还从中原移民到这里居住。经过西汉、东汉300多年的经营，中原文化在敦煌扎了根。

到了三国时期，魏国派了一个叫仓慈的人去敦煌做太守。仓慈鼓励百姓开垦荒田，为来往的商人提供保护、安排住宿，以及发放通行证，这为敦煌商贸的发展创造了良好的条件。仓慈之后的太守叫皇甫隆。他把先进的农耕技术引入敦煌，教当地的百姓制作和使用耧犁，推行新的灌溉方法，使粮食的产量大增。渐渐地，敦煌成了一座商业繁荣、粮食丰产的城市。"妈妈接着讲道。

莫148窟

三脚耧
即耧犁，是汉代出现的一种农用工具。使用三脚耧可以同时完成开沟、播种、覆土三道工序，大大提高了播种的效率和质量。三国时期，耧犁被推广到敦煌。

莫454窟

敦煌地区土地干旱缺水,当地农民在播种前会用大量的水浸泡土地,然后在泥水中耕种。太守皇甫隆到任后,严整土地,推行"衍溉"法,既节省水和劳力,又使产量大增。

莫①窟

敦煌小知识 敦煌农民种什么?

敦煌农民常种的农作物有小麦、穈(也是一种面食作物)、粟(小米)和麻(其茎皮是制作麻绳、麻衣、麻纸的材料来源)。

东晋十六国 莫高窟出现了

"这两位太守好厉害！他们在敦煌生活了那么久，一定也去过莫高窟吧？"敦敦好奇地问。

"没有，当时还没有莫高窟呢！"妈妈微笑着说道，"100多年以后的东晋十六国时期，有一位叫乐僔的僧人从三危山脚下路过。他看到远处山顶上金光万丈，好似有千尊佛像闪现。他觉得这里真是个修行的好地方。于是，他在这里开凿了第一个洞窟。"

冷知识 三危山上真的有金光吗?

其实,乐僔看到的景象现在也常能看到。这是因为,三危山上的岩石是暗红色的,含有云母、石英和角闪石等矿物成分。云母能够反射出多彩的光芒,当夕阳的光线毫无遮挡地照在三危山上时,整座山看起来就好像发出了闪闪金光。

敦煌小知识 莫高窟的名字是谁起的?

据唐代《圣历碑》记载,公元366年,僧人乐僔开凿了第一窟。不久,另一位叫法良的僧人在旁边开了第二窟。后来,人们为这里取名"漠高窟",后改为"莫高窟"。

第一窟已经无从考证了。目前确定的最早的石窟是北凉时期的三个洞窟。

乐僔开凿的第一窟还在吗?

南北朝 北魏 保卫敦煌

"敦煌真是个很有魅力的地方呢。妈妈,除了开窟的僧人,一定还有很多人也喜欢敦煌吧?"敦敦兴奋了起来。

"当然啦!繁华、富庶的敦煌当时吸引了很多百姓来到这里生活。可是……敦煌并不总是那么太平。"妈妈话锋一转,语气严肃了起来,"在南北朝的北魏时期,敦煌屡次遭到北方的少数民族柔然的侵犯,岌岌可危。于是,有官员提议放弃敦煌,让百姓撤到凉州去。多亏了一位叫韩秀的官员坚持,他坚信敦煌当地的军民可以保卫敦煌。朝廷最终采纳了韩秀的建议,没有放弃敦煌。"听着妈妈的话,敦敦的耳边似乎响起了进攻的号角声和"保卫敦煌"的呐喊声。

莫285窟

"等到战事平息了,北魏就派了一个名叫元荣的人来治理敦煌。元荣是北魏皇室的后代,他在敦煌团结当地豪族,使敦煌获得安定,还积极推广中原文化,鼓励百姓说汉话、穿汉服、改汉姓。因此,在北魏时期的洞窟壁画中能看到很多穿着汉服的供养人画像。"

莫285窟

> 我们都是鲜卑族,但我们很喜欢穿汉服。

> 你们都穿着汉服,难道不是汉族吗?

壁画小知识 什么是供养人?

供养人,就是出资营建洞窟的人。洞窟完成以后,通常也会把供养人的形象画在壁画上。供养人身上所穿的服饰能够反映不同时期和民族的服饰风格。北朝时期的北方鲜卑等民族多穿袴(kù)褶(xí),上衣有圆领、窄袖和束腰的特点,下体着裤,穿高筒靴,以便于骑马。在莫高窟第285窟中的供养人,既有穿着鲜卑服的,也有穿着宽袍大袖的汉服的,同时还出现了胡汉结合样式的衣服,这些形象体现了北魏孝文帝汉化改革后的社会风貌。

南北朝时期的胡服与汉服

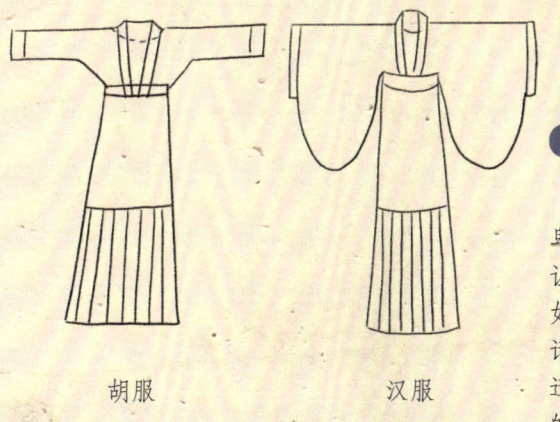

胡服　　　汉服

历史小知识 北魏孝文帝改革

北魏是由北方的少数民族鲜卑族建立的政权,他们通过改革,让鲜卑族民众学习中原文化。比如,孝文帝要求官员和百姓说汉话、穿汉服、改汉姓,还将都城迁到了洛阳。这就是历史上著名的孝文帝改革。

15

"万国博览会"

"那后来呢？"敦敦听着妈妈的讲述，不知不觉入了迷，他的眼前好像已经浮现出洞窟里色彩斑斓的壁画了。这时，爸爸接过了话头，说："到了隋代，敦煌的商贸更加繁荣，莫高窟的洞窟也越造越多。隋炀帝派官员裴矩联络了西域27国，邀请他们到张掖参加贸易大会，这就是著名的'万国博览会'。敦煌是接待站之一。在当时的敦煌，可以见到来自各个国家的使者、商人，那可真是热闹极了！"

历史 小知识　裴矩与《西域图记》

隋朝大业初年，裴矩在张掖掌管互市。他向西域商人、使臣了解各国情况，共收集了有关40多个国家的风俗、地理和交通、物产等资料，在此基础上成书，并绘制地图，最终著成《西域图记》3卷著作。可惜，此书在后代失传。

莫103窟

唐代 西行取经过敦煌

突然，妈妈好像想起了什么，冲着敦敦很神秘地笑了笑，说："去过敦煌的人可多了。到了敦煌，你还可以在壁画上看到《西游记》里的唐僧和孙悟空呢！"敦敦吃惊得差点儿喊出来："真的吗？""当然是真的！"爸爸哈哈一笑，接着说，"唐僧的原型是唐代的玄奘法师，他去西天取经回来时经过了敦煌，所以敦煌壁画里就出现了唐僧。""太棒啦！我要好好地看一看壁画里的唐僧和孙悟空。"敦敦兴奋极了！

历史小知识 玄奘西行取经

玄奘是唐代僧人，于唐贞观年间赴天竺取经。民间广泛流传着他西去途中历经险阻的传说。在敦煌壁画上一共有5幅玄奘取经图。其中榆林窟第3窟绘制于西夏时期的这一幅壁画，是现存最早的玄奘取经图之一，上面描绘了玄奘西行取经的画面，这比明代吴承恩的小说《西游记》早了300多年。

唐代 繁荣的敦煌

"爸爸，唐代的敦煌一定也很热闹吧？"敦敦让爸爸继续讲。"是的，唐朝国力强大，朝廷在河西走廊加强军事防卫，扼守玉门关、阳关的敦煌地区更加稳定。来往于中原与西域的商人、使节、僧侣等不仅路经敦煌，有些人还在敦煌长期住了下来。""因为社会安定，莫高窟的洞窟一下子增添了许多新成员。"妈妈接着说，"你知道吗？现在莫高窟中有壁画和彩塑的洞窟共492个，其中269个都是在唐代开凿的！"

历史 小知识 繁忙的丝绸之路

唐贞观十三年（公元639年），西域的葡萄酒制作方法经敦煌传入中原。贞观二十一年（647年），天竺（今印度半岛）的制糖方法由唐朝派出的使者经丝绸之路带回了中原。唐开元十年（公元722年），波斯（今伊朗）使者经敦煌向唐朝廷进献一头狮子。

唐代 张议潮归义军

"但是，唐代晚期的敦煌也经历了一段时期的动荡。"爸爸又说道，"安史之乱后，唐朝开始由盛转衰，吐蕃乘机占领了敦煌。这时候，敦煌出现了一位了不起的英雄人物——张议潮。他出身将门，家中世代都是敦煌的将领。他组织和团结了各种武装力量，发动起义，最终赶走了吐蕃统治者，使敦煌再次回归大唐怀抱。唐朝廷封张议潮为归义军节度使，负责管理敦煌。"

莫 156 窟

壁画小知识 张议潮统军出行图

莫高窟第156窟,是为纪念张议潮所修的功德窟。该窟中的《张议潮统军出行图》描绘了张议潮被册封为节度使后统军出行的场面。画面分为三个部分:前面是仪仗先导部分,有武骑仪仗、文骑仪仗和乐队舞伎等;中间是节度使张议潮,他身穿红袍、腰束革带,骑着白马正过雕栏石桥;最后一部分是骑射部队和运送军需的驼队。出行队伍延绵浩荡,严整威武,整幅壁画是一幅珍贵的历史画卷。

敦煌安定了100多年

"爸爸,我记住了张议潮。"敦敦掰着手指头算着,他已经记下好几个和敦煌历史相关的人物了。"你想不想再记住一个——"还没等爸爸说完,敦敦就兴奋地喊了起来:"爸爸快说!"爸爸接着讲道:"在张氏归义军之后,管理敦煌的是曹氏归义军。他们的形象也出现在了壁画上。其中有一个叫曹议金的人,他通过联姻等方法,与敦煌西面的于阗(tián)、东面的回鹘(hú)建立了和睦友好的新关系,使敦煌免遭战乱,安定了100多年。"

榆16窟

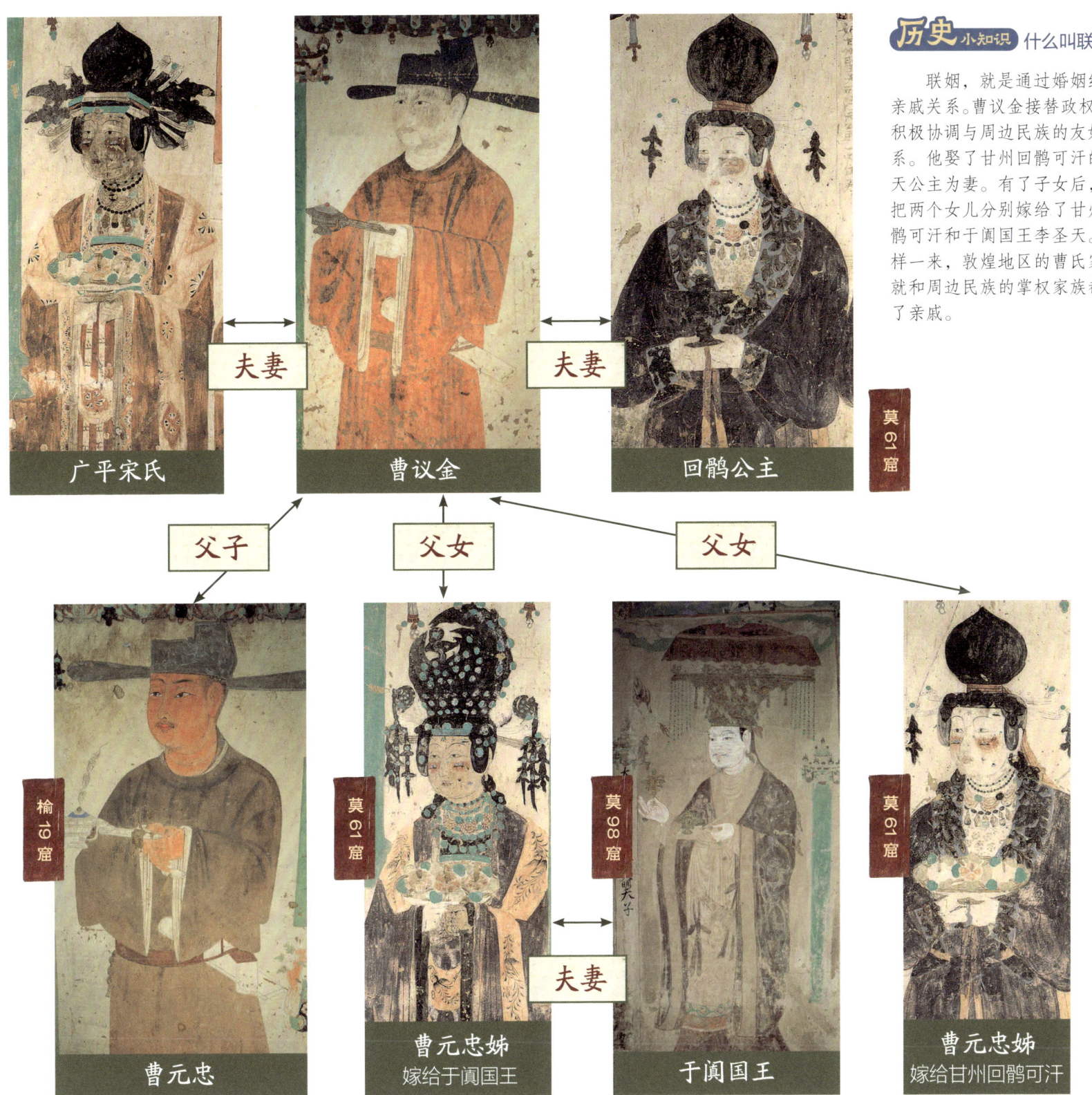

历史小知识 什么叫联姻？

联姻，就是通过婚姻结成亲戚关系。曹议金接替政权后，积极协调与周边民族的友好关系。他娶了甘州回鹘可汗的圣天公主为妻。有了子女后，又把两个女儿分别嫁给了甘州回鹘可汗和于阗国王李圣天。这样一来，敦煌地区的曹氏家族就和周边民族的掌权家族都成了亲戚。

西夏 手工业得到发展

"张氏归义军、曹氏归义军……"敦敦轻声念着，想要把所有的知识都记下来。妈妈继续翻动着书页，念出了书上的一段文字："宋代以后，'海上丝绸之路'日趋活跃，敦煌渐渐失去了中西交通咽喉和贸易中转站的重要地位。"

"啊？那敦煌可怎么办呀？"敦敦赶紧问妈妈。

"当时敦煌正处于西夏政权的统治下，虽然贸易减少了，但敦煌的农牧业、手工业和商业还是有较大发展的。这一切都画在了敦煌的壁画上呢！"妈妈温柔地解释道。

榆3窟

酿酒：将粮食蒸煮、加曲发酵，进行压榨或者分馏提纯，就制成了酒。这张《酿酒图》中灶上的方形器具，据推测是蒸馏器具。这反映了当时的酿造技术已经有了巨大的发展。

犁耕：图中为二牛拉犁，耕者一手扶犁，一手持鞭，形象地反映了西夏时期役牛犁田的情景。

锻铁：一侧有两个铁匠在铁砧上进行锻打，另一侧的铁匠用双扇木风箱鼓风，以使燃料充分燃烧。图中鼓风用的风箱是当时先进的鼓风设备。

清代 藏经洞震惊世界

"在元代和明代,敦煌沉寂了很长一段时间。"妈妈说,"但是到了清朝末年,敦煌又一次震惊了世界!"敦敦开心地拍起手来:"真的吗?为什么?"

"一位名叫王圆箓(lù)的道士在洞窟里清理沙子时,偶然间挖开了莫高窟的一面墙壁,发现了一处藏着大量书画、文献和经卷的藏经洞!"爸爸接着说道。

历史的宝库——藏经洞

公元1900年,道士王圆箓在清理第16窟甬道积沙时,偶然发现甬道北壁有一个小窟。窟内密藏了近千年的绢纸书画及文献,总量约5万件、文献种类为5000~6000种。后来,英国人斯坦因、法国人伯希和、日本人吉川小一郎等人先后骗买、掠夺大量藏经洞内文物,并将其带到了国外,如今留在国内的只有万余件。

把壁画保护起来

"我想去看看藏经洞的样子,还要好好看看壁画!"敦敦仰着头对爸爸妈妈说。

"敦敦,你知道吗?敦煌的壁画其实一直在慢慢地变色、消失。因为敦煌气候干燥,莫高窟地区的风蚀和沙尘又很严重,所以保护壁画是个很艰巨的任务。我们现在看到的莫高窟,是经过好几代在敦煌工作的人们的保护和修复,才能有现在的景象。"

"大家想尽办法修复洞窟、修补壁画,延长它们的'寿命',就是为了让更多的人能够看到这些灿烂辉煌的文化瑰宝。"妈妈语重心长地对敦敦说。

壁画小知识 怎么修复壁画呢?

1. 用洗耳球将颜料翘起部分背后的尘土和细沙吹干净。

2. 用注射器将1.5%的明胶注射到翘起的颜料层的背后。

3. 等胶液被吸收后,将翘起来的画面轻轻回贴到原处。

4. 用棉球从颜料层未裂口处向开裂处轻轻滚压,将粘贴部分的空气排出,这样粘贴好的壁画就不会产生气泡,壁画也不会被压出皱褶。

壁画小知识 数字敦煌

现在科技进步了,技术人员研制出了"数字敦煌",通过将摄影与计算机技术相结合的壁画二维图像数字化技术等,实现石窟三维信息和三维数据的采集与加工,形成了完整的敦煌石窟数字档案,并构建起面向大众的数字平台,从而人们可以通过互联网在这些洞窟中"漫游"。

麦草方格——对环境的保护

"莫高窟的保护工作,不仅仅是对壁画的修复,"爸爸接着说,"敦敦,你看下面。"敦敦透过舷窗向下面望去,只见飞机已经飞到敦煌了。敦敦揉了揉眼睛,他惊奇地发现,沙漠上好像有一些"小格子"。

"那是什么？"敦敦好奇地问。"这叫'麦草方格'，是人们专门研究出来的一种防风固沙的方法。用麦草在沙漠中扎成方格形状，储存水分，减少流沙，这样沙子就不会掩盖莫高窟了。"爸爸解释说。看着连成片的麦草方格，敦敦激动极了。"保护莫高窟的人实在是太了不起了！到了莫高窟，我一定要认真仔细地看一看！"

敦煌小知识 麦草方格的制作步骤

1. 用铲子或铁锹在沙地上划出一个四四方方的格子，注意四边要划得深一些。

2. 在格子的边缘铺上草。

3. 用铲子或铁锹沿格子边缘将草扎入沙地里，这样就会对这个麦草方格里的沙土起到固定的作用。

4. 将余草塞入缝隙里，一个麦草方格就做好了。

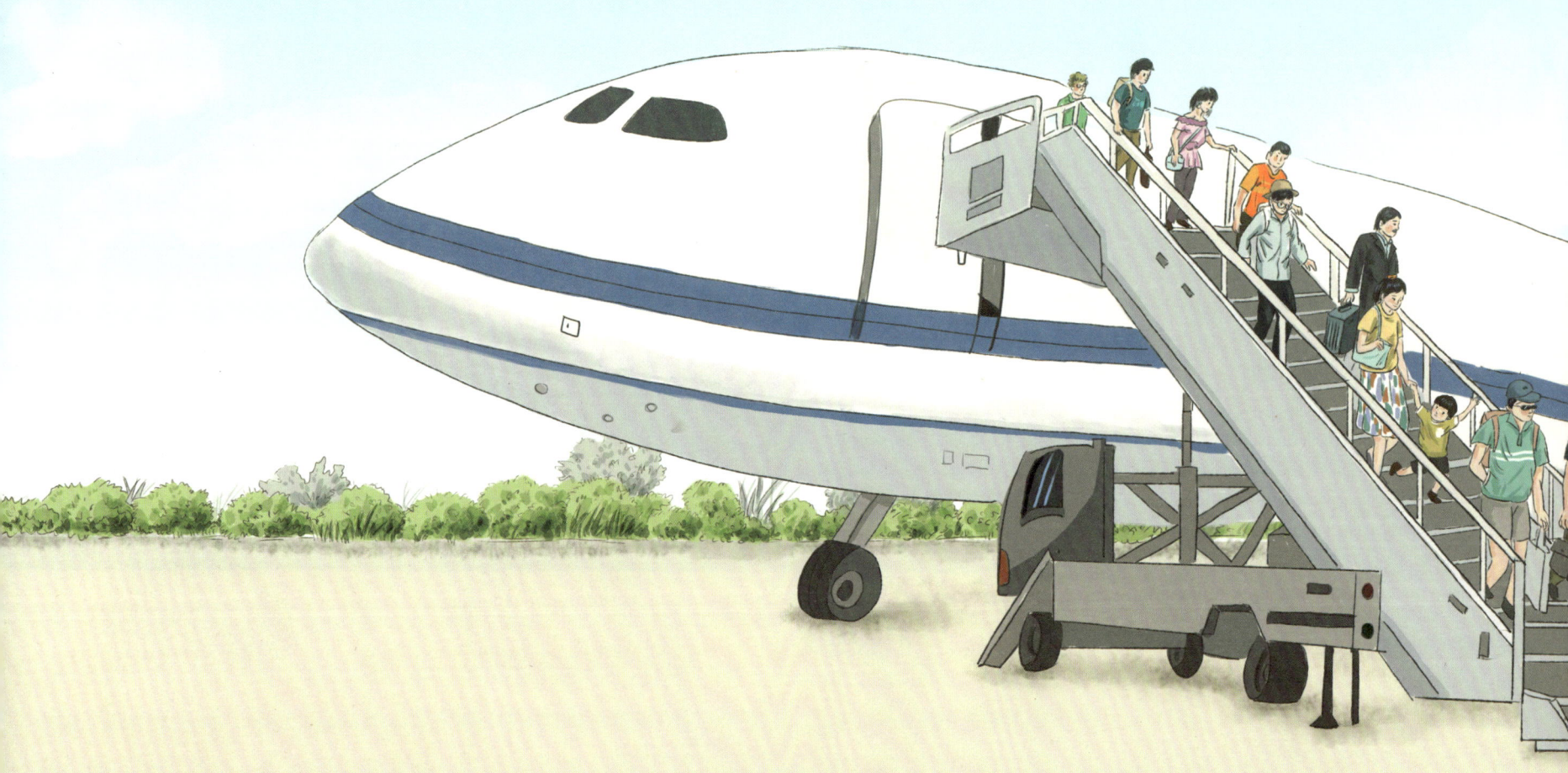

丝绸之路上的那些人

在敦煌千余年的发展过程中,伴随着丝绸之路的开通与繁荣,伴随着一座座洞窟的开凿,无数人在大漠戈壁的悠悠丝路上演绎出被历史铭记的故事和传奇。

丝绸之路的开辟者——张骞

张骞生活在西汉时期,他的家乡在今天的陕西城固县博望镇。现在那里建有张骞纪念馆。

公元前141年,张骞奉汉武帝之命,率领100名勇士从长安出发,西行去联合少数民族部落大月氏攻打匈奴。走到河西走廊时,张骞被匈奴所俘,他被扣留了11年。张骞寻机逃出后,继续向西而行,找到了大月氏,但大月氏没有接受汉朝的建议,张骞只好返回大汉。此次出使西域虽未达目的,但张骞带回了许多有关西域地理、物产和风俗的第一手资料。

公元前119年,汉武帝派张骞第二次出使西域。张骞率300人的使团,携带大量麻织品、漆器、铁器和丝绸等出发,先后到达乌孙、大宛、康居、安息等国,并邀请这些国家的使者来到长安。从此,汉朝与西域的交通建立起来,贸易和文化交流也越来越频繁。

张骞两次出使西域,开辟了丝绸之路,打开了中国与中亚、西亚及欧洲等地交往的大门,促进了东西方经济、文化的交流与发展。

丝路上的和亲公主——解忧公主

西汉时期,楚王的孙女被汉武帝封为解忧公主。为了巩固西汉与在西域的乌孙国的联盟,20岁的解忧公主远嫁乌孙国王。解忧公主克服了重重苦难,努力适应草原上的游牧生活。她经常与乌孙国王一起巡视部落,深入了解乌孙及西域其他国家的情况。她还派出侍女冯嫽遍访西域各地,以示汉朝的友好。解忧公主配合汉朝遏制匈奴侵扰,维护了汉朝与乌孙等西域各国的友好联盟。解忧公主历经汉武帝、汉昭帝、汉宣帝三朝,70岁左右时回到了故土。解忧公主的传奇故事记载在史书《汉书》中。

重启丝路的班超

有个成语叫"投笔从戎",讲的就是东汉时期出身书香世家的班超的故事。他没有承袭父业,像父亲班彪、哥哥班固、妹妹班昭那样以"史笔"流传后世,而是建功西域。西汉末年,北方匈奴再次控制了西域,刚刚开辟的丝绸之路被迫中断。班超投笔从戎,出使西域31年,击退匈奴及西域部分国家联军,安抚西域诸国,使其归附汉朝,重新开通了丝绸之路。漫漫丝路上再次出现了中西商旅络绎不绝的繁荣景象。汉明帝为表彰班超的功绩,封他为定远侯,后人也称他为"班定远"。

敦煌太守仓慈

仓慈是三国时期淮南人,家乡在今天的安徽。曹魏时期,他担任敦煌太守。仓慈治理敦煌有方,不仅将豪强大户多余的土地分给贫弱的百姓,还严厉打击对来往丝路上的商人进行敲诈勒索的当地豪强。仓慈为要去洛阳的西域商人出具过关凭证并封盖官印,让他们通行无阻;对于从敦煌返回西域的胡商们,则下令官府协助他们公平换取财物,还派出官吏在路上护送他们。这一系列实惠又友好的商贸措施深得当地百姓和西域商旅的拥护,既繁荣了丝路的经济,也稳定了百姓生活。

丝路上的取经人——唐僧

《西游记》中的唐僧,在现实中确有其人。他就是沿着丝绸之路从瓜州出关西去取经的唐代僧人——玄奘。玄奘法师俗名陈祎,出身儒学世家,是今天的河南人。唐代贞观年间,他上书朝廷请求西行求法,未得到唐太宗批准。那时正遇到长安大灾,玄奘混在灾民队伍中溜出了长安。要知道,当时唐朝是严禁百姓私自出关的。玄奘到达瓜州后,得到了当地僧人的帮助,从瓜州偷偷出了关,开始了艰难的取经之行。玄奘历时约17年,长途跋涉数万里,途经丝路上的100多个国家和地区。他一路上弘扬传播大唐文化和佛法,促进了中外文化交流。他撰写的《大唐西域记》详细记载了这些地区的风土人情以及地理风貌。

敦煌榆林窟第2窟和第3窟中都描绘了玄奘取经的画面。这两幅西夏时期的唐僧取经图比《西游记》早了300多年。

《敦煌太守后庭歌》中的皇甫隆

唐代大诗人岑参曾在诗中这样写道:"太守到来山出泉,黄砂碛里人种田。"这里的太守指的就是三国时期的敦煌太守皇甫隆。诗歌里说的是三国曹魏嘉平三年(公元251年),皇甫隆亲自教农民改进和推广楼犁耕作技术,推行新的灌溉法的事迹。合理用水之后,敦煌地区的粮食增产了五成之多。在与百姓一起劳作时,皇甫隆发现敦煌妇女喜欢穿一种百褶裙。这种裙子由于皱褶多,做起来费时又费料,做一条裙子要用掉整整一匹布。于是,皇甫隆下令进行服饰改革。改革后的裙子既好看又省料,受到老百姓特别是当地妇女的称赞。